사서의 페이지

김미경 시집

문학의전당 시인선
385

사서의 페이지

김미경 시집

문학의전당

시인의 말

영원이라고 적자.

나는 한 번도 만난 적 없는
너를 찾아 헤매고 있다.

어쩌면 내 주변에 서성이는 너를
보지 못하는 나는 난독증일 수도 있다.

어디에 숨어 있든
너를 찾고 싶다.

세상의 모든 페이지인
네가 내가 되는
순간

2024년 11월
김미경

차례　　　　　시인의 말

제1부

간격　13
금요일의 도서관　14
책을 염하다　16
결정장애　18
책의 시간　19
책의 프로필　20
글자는 도착하지 않았다　22
나는 누구일까요?　24
책꽂이　26
사서의 페이지　27
내일이면　28
도서관 납골당　30
새벽 배송　32
황제나비　34

제2부

스마일 만두 37
복숭아나무 A 38
트라우마 40
겨우살이 42
미소고래의 기억 43
숨바꼭질 44
낮은 의자가 필요한 시점 46
너 그거 알아 48
감기 빌런 49
욕의 비밀 50
이모티콘 52
악어와 악어새 54
산행의 목적 55
선종과 선종 56
하얀 타투 58

제3부

아버지의 루틴 61
귀잠 62
코끼리의 귀환 64
오래된 아파트 65
냉장고의 일 66
걸 살 누 죽의 법칙 68
꽃구경 69
치매를 쫓는 시간 70
호야 72
우리들의 꽃밭 73
1도 74
무꽃 필 무렵 76
주상절리 77
홍콩야자와 나도제비난 78
고마워의 진화 80

제4부

정답 찾기　83
블랙아웃　84
함께 찾아주세요　86
7고사실　87
웃음과 울음은 닮았다　88
반딧불이처럼　90
내용증명　91
악어를 찾는 법　92
운동(運動)　94
대동풀빵여지도　96
흔들리지 않는 풍경　97
칼, 경전을 쓰다　98
런치 쇼　100
8시 15분　102

해설 | '지혜의 파수꾼'을 만나는 시간　103
고영(시인)

제1부

간격

스테디셀러와
안 읽은 책의 거리는 한 뼘

책은 맛있게 먹히기 위해
기어이 기다리고
꼿꼿하게 익고 있다

책은 햇살 가득한 풍경에
혼자 울다가
가슴속으로 사람들 기척을 품는다

가만히 읽는다

창으로 스민 사선의 빛이
정물이 된 그녀를 읽는다

금요일의 도서관

펼쳐지지 않은 세상이 어둡다고 말할 수는 없고

발밑과 머리가 똑같은 모습으로
지구 반대편의 이야기를 하고
태어나지 않는 세상을 품고
좀비가 날아다니고
흔한 남매가 살고
스핑크스가 머리를 쥐어짜고 있는 이곳은
지옥일까 천국일까

수염 숭숭 공주병 선생님이 빨간 내복을 입고
검정 고무신이 마녀들과 지렁이 수프를 만들어 나눠 먹기도 하고
그것을 재미있고 우스운 이야기라고 말할 수는 없고

책장 사이는 너무 어둡고
지구 반대편의 이야기가
아직 태어나지 않은 좀비가

흔하지 않은 흔해 빠진 남매가
머리를 쥐어뜯는 스핑크스가
공주병 선생님의 뿌지직 똥 탐험대가
빨간 내복이 검정 고무신이 마녀가 지렁이가

일제히 입을 틀어막고
얼음이 되고

책을 염하다

나는 책의 장례지도사

서가에 들어가 꽂히는 순간부터 책의 어깨에 기댄다 갸웃 숨죽이고 기다리는 형벌을 받고 있다 일생을 쉼 없이 간택되는 만화책이 가볍다고 수군거리지만 세상엔 가벼운 손이 많아 묵직한 브리태니커는 8컷이 부러울 때가 있다

책등만으로 온전한 선택을 받아야 하는 그 짧은 문구로 스포트라이트를 받아야 한다 두 발의 탄생은 줄어들고 발 없는 책은 수없이 태어나고 책을 볼 사람은 스마트폰에 집중한다 한 번도 선택받지 못한 2009년 태생 '운명을 바꾼 새끼줄'이 까맣게 삭고 있다

작업용 나일론 장갑을 끼고 책등에 눈을 맞춘 손놀림이 무작위로 낚아챈다 복본은 한 권만 남기고 낡은 것들은 인정사정없이 수레에 싣는다 송아지가 뚫어준 울타리, 엘머의 모험, 세상이 처음 만들어진 이야기, 구멍 뿡뿡 방귀쟁이……

책을 뽑아내는 것은
갓 태어난 책의 자리를 마련하는 것이다

결정장애

  초록은 전부를 품고 있어, 철학은 빨강으로 유혹해, 신의 영역은 침울한 회색, 주황의 사회는 언제나 안전해, 자연은 갈색 품에서 초록을 잉태하지, 노랑은 절규의 예술, 돈이 없어도 할 수 있어, 연두는 세계와 소통하는 언어, 파랑은 너와 나의 이야기, 지구를 지속시키는 것은 보랏빛 열정과 냉철한 눈

  당신은 어떤 걸 선택할 건데
  당신은 어디로 가고 있지

  진지한 궁서체로, 세상을 다 포용하는 바다체로, 웅장한 양재백 두체B로, 싸게싸게 한컴바겐세일M체로, 세상 돋보이고 싶은 함초롬돋움체로, 도도한 양재샤넬체로, 예스러운 양재와당체M으로, 예술가의 눈길 MD아트체로, 소식이 궁금한 HY엽서M체로, 영원히 살 듯한 HY크리스탈M체로

책의 시간

지나가던 발소리에 귓불이 빨갛고
다가오던 손짓에 쿵쾅 설렙니다

추리 천재 엉덩이 탐정은 동현이랑 축구하고 있어요
꽁꽁꽁 피자는 한여름에 먹을 수 있겠죠
사서가 된 고양이는 상냥할까요 도도할까요
튤립 호텔에서는 꿀잠을 잘 수 있는지
유라만이 알고 있을 거예요
속 좁은 아빠는
흠흠 흠 자기 집도 아닌데 끼어들어요
엄마가 배불뚝이 아빠라고
자존심을 건드렸거든요

갈라진 흔적의 나이테를 따라
떠나간 자리엔 먼지 꽃이 피어요

지금, 집 나간 책을 기다리는 중이랍니다

책의 프로필

책 속에 살던 네안데르탈인의 그림자가
조금 기울어졌다

계급은 예전이나 지금이나 종렬(縱列)이다
인간은 모두 실험실에서 인공 부화한 인물들,
선택받지 못한 사람은 미개인으로 취급된다

밤이나 낮이나 누군가의 손길을 꿈꾸는 파란 눈동자
소마*에 취해 있다

사랑과 가족이 없는 세상
종교와 예술은 그림자일 뿐
위조된 활자들이 생을 이어가고 있다

인공지능과 빅데이터, 알고리즘 세상
네안데르탈인은 외롭다

내일이면 잃어버릴 욕망을 읽고 있다

아직 오지 않는 시간을 읽고 있다

책장 속에서 바래져 가고 있는 책을 뽑았다

---

*소마: 생각을 없애는 수단으로 올더스 헉슬러의 『멋진 신세계』에서 차용.

글자는 도착하지 않았다

몸과 몸을 세워
한 권씩 등으로 말하고 있는 나를 본다

글자 전쟁, 꿀벌과 천둥, 마음 가는 대로, 멈추면 비로소 보이는 것들, 멋진 신세계, 모리와 함께한 화요일, 미 비포 유, 바깥은 여름, 백 년 동안의 고독, 불편한 편의점, 소금, 식탁 위의 세계사, 신도 버린 사람들, 언어의 온도, 오직 두 사람, 웃음, 인간 실격, 인간 연습, 인도 기행, 죽을 때 후회하는 스물다섯 가지, 참을 수 없는 존재의 가벼움, 채식주의자, 풀꽃도 꽃이다, 화씨 451

기원을
들여다보면
죽간 목독 백서 고서 장서
일생 나무에서 나무로 엮은
지구의 생명에 무늬를 넣는다

흐르는 강물처럼, 현대시의 구조, 패싱, 광세, 코스모스, 총

균쇠, 철학은 날씨를 바꾼다, 징비록, 증언들, 인간관계, 의학의 대가들, 유혹하는 글쓰기, 우리는 서로 부르고 있는 것일까, 언어의 무게, 아무도 빌려주지 않는 인생 책, 심장에 가까운 말, 시론, 사유와 매혹, 사서의 일, 사람 냄새, 블랙 유니콘, 밤이 낮에게 하는 이야기, 문학비평 용어 사전, 몰락의 에티카, 대한민국 돈의 역사, 놀라움, 너무 시끄러운 고독, 그리스인 조르바, 곡선으로 승부하다

  장바구니의 변심을 알아채지 못했다

나는 누구일까요?

노르웨이 상실을 받고
이순신 한산도를 보낸다
구엘 공원 도마뱀을 받고
어린 왕자 코끼리를 보낸다
멸종위기 동물 동물을 받고
앤서니 브라운 돼지를 보낸다
하루 일식 한 끼를 받고
안녕달 수영장을 보낸다
텃밭 상추를 받고
이수지 여름을 보낸다
지구 아마존을 받고
사람의 인생을 보낸다

아홉 시 종소리가 꼬리를 먹어치운다

커피를 마시며 창 밖 초록에 집중하는 잠시
상냥한 고양이가 된다
잘렸던 꼬리가 통통거리며 뛰어온다

이수지의 여름이 돌아오고
지구의 아마존을 보낸다

대출하지만 은행 직원은 아닙니다 대부업체 직원도 아닙니다 이자를 받지 않습니다 연체료는 없습니다

책꽂이

나는
살아서 갇힌
창입니다

처음부터 끝까지 한 번도 펼쳐지지 않은 채
폐기 직인으로 사망 선고를 당했습니다

매일 지나치는 눈길 한번 받지 못한
정물화가 되었습니다

책등 문신에 거품처럼 창백한
검은 별무늬가 피었습니다

별은 시시때때로 인력사무소로 나가
새로운 곳으로 팔려나가기도 하였지만
검은 무늬는 무덤이 되었습니다

사서의 페이지

 아침 일 분은 초 단위로 흘러간다. 붉은 벽돌 건물을 들어가 올라가는 계단에서 마주한 에머슨, 로랜스, G 도슨, 이황, 시저, 신용호, W. 워즈워스, 초오서, 생피에르가 하는 말이 귀에 들어오지 않는다. 길게 늘어진 줄, 줄 인사를 건네며 들어간 도서관은 잠에서 깨어난다. 블라인드를 올리고 창문을 열고 컴퓨터를 켜고 아무런 심사 없이 대출한다. 반납을 받는다. 찢어져 너덜거려도 받아준다. 연체를 해도 반납하면 바로 빌려준다. 오일장이 재연되는 이십 분이 지나고 종소리에 우르르 몰려 나가는 아이들의 발소리에 소란도 같이 따라간다. 적막이 스며드는 틈에 커피를 내린다. 아침 커피는 습관이다. 쉼이 필요한 시간에 침묵은 휴식이다. 책 수레에 누워 거꾸로 있는 책을 차곡차곡 분류하고 제자리에 꽂는다. 종소리에 아이들은 난장을 끌고 들어와 읽지 않는 책을 빌려 가기도 하고 읽고 싶은 책을 못 찾을 때도 있다. 이만 삼천백칠십칠 권의 책 중에 볼 것이 없다고 그냥 가는 아이들의 마음은 어떤 마음일까.

 아침마다 양식을 배달하는 사서의 페이지엔 여백이 없다.

내일이면

  암버제도 바다거북을 찾고 있습니다 사계절에서 태어난 황금 덩이와 구렁이도 찾고 있습니다 삼십삼 년 전에 우리 집으로 들어온 황금 구렁이는 한 번도 밖으로 나간 적이 없습니다 황금이 있다고 부자인 것은 아닙니다 극희소종을 자처하는 구석방 폐인족이 된 구렁이 문을 꼭 닫고 있습니다 누구의 노크도 듣지 않습니다

  아멜카 바다 수달을 보호하고 있습니다 언어세상에서 나온 도마뱀아 도마뱀아 비를 내려라를 찾고 있습니다. 이십 년 전 책 밭에 뿌리내린 도마뱀은 위험 종입니다. 한 번도 본 적이 없는 도마뱀을 어디에서 찾아야 할까요 한 번도 손길 받지 못한 옛이야기를 누구에게 들어야 할까요? 도마뱀의 뿌리는 잠이었습니다

  뉴질랜드 남섬에 사는 저먼펭귄은 생존 지원 대상입니다 아이세움에서 데려온 기적처럼 살아남은 사람들을 보았습니까 십오 년 전에 기적처럼 데려왔는지 한 번도 기적을 보여주지 않았습니다 기적은 아무 때나 나타나는 종이 아닙니다 취

약은 무르고 약합니다

 붉은 목걸이 앵무는 보호 프로그램이 필요합니다 창비에서 태어난 해를 삼킨 아이들을 찾아야 합니다 구년 전에 만난 아이들 이열과 치열을 오가며 잠깐 한눈판 사이에 사라졌습니다 너무 뜨거워 손을 댈 수 없는 아이들 스스로 해가 되었을까요 스스로 재가 되었을까요

 멸종 위기에 처해 있습니다
 당신도 나도

도서관 납골당

책 위에 개미가 기어가고 있다.

지적 대화를 위한 넓고 얕은 지식, 책과 함께하는 마음 놀이터, 정리하는 뇌, 생각을 바꾸는 생각, 기분 좋게 살아라, 살아 있는 것은 다 행복하라, 지금 이대로가 좋다, 나를 바꾸는 100일, 신은 낙원에 머물지 않는다, 신경 끄기의 기술, 돼지 개 죽이기, 타이탄의 도구들, 혼자 있는 시간의 힘, 선한 분노, 인간은 필요 없다, 더 나은 세상을 위한 꼼꼼한 안내서, 돈 걱정 없는 노후 30년, 넘어진다는 건, 왜 학교는 불행한가, 얘들아! 오늘은 뭐 하고 놀까?, 육식 건강을 망치고 세상을 망친다, 아이를 위한 하루 한 줄 인문학, 그 아이만의 단 한 사랑, 아이가 왜? 라고 물을 때, 무량수전 배흘림기둥에 기대서, 혼자 보는 미술관, 데뷔의 순간, 인간의 마음을 사로잡는 스무 가지 플롯, 너라는 벼락을 맞았다, 꽃 속에 피가 흐른다, 꽃들의 이별법, 분홍색 흐느낌, 가뜬한 잠, 양심고백, 달러구트 꿈 백화점, 칼의 노래, 친절한 복희씨, 7년의 방, 시선으로부터, 지구에서 한아뿐, 목소리를 드릴게요, 아프니까 청춘이다, 버리고 떠나기, 감옥으로부터의 사색, 지도 밖으로 행군하라, 시골

의사의 아름다운 동행, 하마터면 열 심 히 살 뻔했다, 아무도 미워하지 않는 개의 죽음, 나미야 잡화점의 기적, 1Q84, 뚜껑의 찬란한 태양, 창문 넘어 도망친 100세 노인, 구해줘, 마음 가는 대로, 꼬닥꼬닥 걸어가는 이 길처럼, 그 길 끝을 기억해, 세상을 걷다, 역사는 한 번도 나를 비껴가지 않았다.

  000에서 999까지의 행간을 기어서
  개미의 한 생이 지나가고 있다.

새벽 배송

현재를 잊기로 해요

빨강 해 한 스푼
내 안의 노을 두 말
언어적 상상력 세 다발
좋은 생각 네 더미
이방인 다섯 쾌
별에서 별까지 여섯 타래
달빛 식당 일곱 섬
시의 문장들 여덟 채
보이지 않은 여자들 아홉 접
펼칠까, 잠의 언브렐러 열 홉
인생 열한 두름
가뜬한 잠 열두 되
페스트 반 컵
방구석 미술관 열세 잠
그녀를 동백이라고 적는다 열네 방울

어디쯤에서 멈춰야 할까요

매운맛 1리터
진저롤 1그램
쇼가올 1병
진저베렌 1킬로그램

장바구니에 있습니다

황제나비

　표지를 넘기니 여백이다 한 장을 더 넘기니 백면이다 또 한 장을 넘겼다 두 마리 나비가 나란히 아래에 배치되어 있다

　줄무늬 애벌레는 삼 년 만에 알을 까고 세상 밖으로 나왔다 초록 줄무늬가 미친 듯이 몸속으로 들어왔다 애벌레를 따라 기둥으로 올라간다

　목적지가 없는 길을 따라 아우토반 무제한 구간에 들어가 있다 까꿍 아기들에게는 반짝이는 놀이다 마법 천자문과 흔한 남매는 인기짱이다 학습이 필요한 중고생은 참고서를 밥 먹듯 해야 한다 성장이 멈춘 아이는 더 이상 올라가지 않으려 한다 미끄러져 내려오는 사람들은 지루한 일정이라 속삭거린다

　마지막 페이지를 날려보낸다

제2부

스마일 만두

  밀푀유나베와 섞여 끓고 있는 사이 만두를 만드는 손이 온종일 너덜너덜 배춧잎이 되는 사이 서빙하는 처녀의 웃음이 만두로 들어가는 사이 소고기와 야채를 먹는 사이 먼저 온 손님을 알은체하는 사이 마중 온 손님이 만두를 주문하는 사이 마흔여섯 개의 의자가 사라지는 사이 만두가 더 이상 웃음을 참지 못하고 터져버리는 사이 터진 웃음이 사람들을 끌고 들어오는 사이 문밖에서 레미콘이 서성거리는 사이 만두 하나를 통째로 입속에 욱여넣는 사이 단무지는 거들떠보지도 않는 사이 단무지의 필요성에 대해 잠시 생각하는 사이 현대아파트 앞 스마일 만두를 래미안 아파트가 마냥 부러워하는 사이

복숭아나무 A

봄이 초인종을 눌렀어요

경적을 울리며 서성이던
자동차의 온기가 더 따뜻했어요

촉이 꽃이 되고 씨가 되고
피가 되는 동안

흔들림 없는 복숭아 알들이
인큐베이터로 들어가요

쿨럭은 물이에요
하얗게 빛을 잃어가는 대낮에도
쿨럭, 쿨럭은 필요하죠

무름병에 속살까지 타들어 가고
깍지벌레와 조우해도

복숭아나무 A는
복숭아나무 Z를
그리워하지 않아요

트라우마

천국 갔다 오는 고속도로에서
커다란 물체와 부딪쳤다

가속이 붙은 발
제어할 수 없는 당황이 몰려왔다
귓속으로 파고드는 쿵

툭
단전으로 내리꽂혔다

몸속에 불안의 꽃이 피고
반짝이는 촉수가 고열로 다가왔다

머릿속에 작별 인사가 다가왔다

어둠 속 튕겨 나가
느리게 착지하는 물체는
각을 세운다

엎드려 울고 있는
오소리 옆에 별이 쏟아진다

어둠 속을 더듬더듬
검은 물체가
걸어갔다

겨우살이

굴참나무의 슬픔이 너를 품었다

통풍이 스치고 지나간 자리마다
덫에 걸렸다

영원히 품지 못할 상처가
꽃으로 피었다

평생
나는 너를 사랑한 적이 없다

미소고래*의 기억

  냉장고에 넣어둔 핸드폰, 식탁 위에 있는 열쇠, 귀에 꽂힌 볼펜, 머리띠가 된 안경, 색깔이 다른 양말, 무선과 삼선의 슬리퍼, 오른손이 모르는 왼손, 아이디와 비밀번호, 현관문 키 번호, 소파에 앉아 있는 리모컨, 책상 위의 커피잔, 5월 8일은 어버이날, 주차장에 세워둔 자동차, 끄지 않은 화장실 등, 어깨에 걸친 크로스 백, 칼집에 있는 헹켈칼, 닫히지 않은 현관문, 귀에 꽂힌 이어폰, 내 전화번호가 기억나지 않아, 약을 먹었는지 기억이 안 나, 방금 전에 무엇을 했을까?, 나방을 나비라고 불러, 낮달을 해라고 불러, 네모를 동그라미라고 우겨, 왼발의 일을 오른발이 몰라, 소금을 설탕이라고 불러, 가스 불을 껐는지 잃어버렸어, 했던 얘기를 또 하고 있어, 하고 싶은 이야기가 생각나지 않아

---

*미소 돌고래: 상괭이. 우리나라의 토종 해양 포유동물.

숨바꼭질

순식간에 추락하고 있어요
바닥에 흘러가는 저것들은
생명일까요
죽음일까요

내가 찾는 무늬는 아니었어요

살면서 헤어짐이 얼마나 많은지
헤아릴 수 없어요
내 손금엔 이별의 길이 너무 많은가 봐요
손을 세워 비벼보지만 소용이 없네요

떨어진 큰 별
사라진 작은 별
숨어 있는 혼자별
누워 있는 별자리가
불쑥 찾아와
어둠 속에 숨어버려요

봄비가
가로등 불빛에 반짝여요

낮은 의자가 필요한 시점

갤러리는 사이사이 골목 안 구옥을 개조하여 만들었다 거실엔 두 점의 그림이 걸려 있다 내 눈은 설명이 필요한 그림을 다양한 색으로 보고 있다 팸플릿의 첫 페이지는 화가의 뒷모습 엉거주춤 앉아 칠을 하는 모습이다 고개 숙인 앞모습의 눈빛이 빛일까 어둠일까가 궁금하다 그림 속 사람의 얼굴이 유리창 바깥 나무 중간에 걸려 지나가는 사람을 부르고 있다

화가의 일상이 작은방에서 시작되었다 여섯 점의 작품은 배와 마주하는 높이에 걸려 있다 바닥에는 25센티미터의 스툴이 필요하다 그녀가 말하기 전에 그림이 무엇인지 알 수 없었다 "한때 영봉이 나를 살렸어요"라는 말에 월악산 영봉이 한쪽 벽의 사 분의 일을 차지하고 있다 그녀는 영봉에 집중하고 있다

무엇인가 나를 살리는 힘은 어디에 있을까 한 번도 생각해 보지 않은 숨바꼭질이 시작되었다

화가는 아는 사람이 없어 올 사람도 없다며 천혜향 한 개를 주머니에 넣어주었다

나를 살리는 말은 어디에 있을까
한 번도 찾아온 적 없는 말을 찾아 숨바꼭질이 시작되었다

낮은 의자에 한 몸이 되었다
천혜향 알갱이가 주머니 속에서 말을 걸고 있다

너 그거 알아

비수면 내시경을 기다리는데 자꾸 주시경이 생각났어

머릿속은 하얗게 비워지는데 가슴에 차갑게 스며드는 숨이 자꾸 빨라지고 이름이 불리기 전에 얼굴이 화끈 붉어지는 거야

검사실 간이침대에 누워 리도카인이 입속을 흥건히 적시고 한쪽 뺨을 옆으로 입을 벌리고 눈을 감는데 긴장을 푸세요 힘이 들어간 간호사의 말에 몸은 경직되지만 목과 어깨에 힘을 빼고, 코로 심호흡합니다 침은 삼키지 말고 옆으로 흘립니다 의사의 말에 순한 아이가 되지

침, 눈물, 줄줄 흐르는데 자꾸 주시경 생각이 나 잡을 수 없는 뱃속의 줄이 뱀처럼 꾸물꾸물 울컥, 손은 자유롭지 못하고 참으라는 말에 동조할 수 없었어 징징 뱃속을 배회하던 뱀이 나오는 순간

연결고리가 없던 내시경과 주시경 사이를 시경시경시경시경 **빠르게 사라지고 있다**

감기 빌런

쉬라고 하는데 쉴 수가 없었다
머리에 벌침을 쏘며 오기도 하고
목구멍에 로열젤리가 잔뜩 쌓이기도 했다
슬프지 않아도 눈물이 나왔다
고슴도치가 나를 끌어안았다

나의 항변은 콜록콜록
목이 쉬도록 콜록콜록
눈물을 흘리면서도 콜록콜록

콜록을 잠재우는 민간요법은
히말라야 핑크 솔트

붉은 것을 거부할 수 없는
나는 핑크의 도플갱어가 되었다

온종일 병원놀이를 하여도
똬리를 튼 빌런은 내가 되었다

욕의 비밀

물고기 한 마리씩
지우다 보니
날밤이 새었다
밤이 없어도
물고기는 사라지지 않는다
결국 물음표를 단
물고기 토네이도가 몰려왔다
말들은 이제
아주 먼 곳까지 배회하고 있다
하얀 달은 붕붕 떠다닌다
어제, 그제, 십 년 전, 이십 년 전
무슨 일이 있었을까
근심하던 얼굴이
하얗게 달이 된다
감지할 수 없는
모르는 말의 의미를 버리기로 한다

당신은

무슨 말을 들었나요
듣는 순간
또 잃어버렸네요

찰진
그 단어
툭
튀어나왔다

이모티콘

두 손 이모티콘을 받았어

기분이 좋았어

누군가가 나를 위해 기도하는 모습

궁금했어

기도는 너의 모습이었지

회전문을 벗어나는 스피드가 들어 있어

어제 가던 길을 턴하고 싶은 마음

머리를 힘껏 돌리라는 그녀의 말이 자꾸 생각나

돌리면 돌릴수록 모래 소리가 나

차별되지 않게 밥을 먹고 차별되지 않게 잠을 자고

세상의 이슈에 차별되지 않게 반응하고

모래 소리는 사라지지 않아

이제 나도 두 손을 모아야겠어

악어와 악어새

치과 진료 의자에 누운 악어 한 마리
온몸에 힘을 빼고 누워 있다
일 년이 넘도록 이 악물고 찾아 헤매던
악어새를 기다리는 중
벌린 입속으로 똑똑 악어새가 들어온다
콕콕 입술이 치아를 더듬고
악어새의 수다가 잇몸을 어루만진다

— 살짝 내려앉았네요
— 시릴 수 있어요
— 조금만 참아주세요

먹이도 마다하지 않는 입술은
치석을 품어 부리가 되었다
입속의 진동이 되었다
악어새의 수다가 쉼 없이 날아서 귓불을 스치지만
진동 소리에 미끄러져 사라졌다 살아난다
악어 입만 남아 있다

산행의 목적

나른한 세포들이 살아난다
슬픔과 지루함이 사라진다
권태와 묵은 때가 사라진다
무지와 타성이 사라진다
하얗게 생각이 증발해 간다
어디까지 가야 영원에 닿을까
생고생을 자처하며
한 발자국씩 움직일 때마다
엉덩이와 잔등은 규칙과 불규칙 사이에서 엇박자를 낸다
앞선 사람들이 찍어놓은 발자국에 발을 포갠다
땀방울이 고인다
호흡이 턱까지 차오른다
발품을 팔면 너를 만날 수 있을까
한 걸음씩 움직일 때마다
구절초가 나를 본다
바위에 뿌리내린 소나무가 나를 본다
나의 보폭은 줄어들지 않는다

선종과 선종

그는 내게 들어와 잠을 자고 있다

깨어나지 않으면 찾을 수 없는 술래
허리 아래쯤 집을 짓고
꼼짝하지 않는 시간을 보내는 동안
빠르게 질주하는 길 위에서
한 번쯤 튕기는 짜릿함이
빗줄기를 뿌렸다

옆구리 아래
그림자의 근원은
주치의도 알 수가 없다고
사라졌다고 생각하면 다시 나타나
구름을 만들어 소나기를 뿌린다

늙은 아버지 숲으로 들어가
초록 뱀을 잡는 꿈을 꾼다
한 마리, 두 마리, 세 마리, 네 마리……

선종이 선종하던 날
구름 위를 걷고 있다

아무도 몰랐던 것처럼

하얀 타투

쇄골뼈 위에는
히말라야 평원 어디쯤에서 왔을
이파리 하나 자라났다

히말라야에 물을 주었다
이파리는 이파리를 낳고
뭉그러지는 듯하다가
또 하나를 낳았다

하마터면 잊고 살 모국어를
이파리 옆에 뿌리고
빗장뼈를 다독였다

이파리는 무슨 의미일까요

꿈틀꿈틀 씨앗이 기지개를 켠다
나의 국적은 어디일까요

제3부

아버지의 루틴

그렇잖아도는 아버지의 말속에서 한 문장을 말할 때마다 숨처럼 튀어나온다 그렇잖아도를 네이버 국어사전에 찾아보니 그러잖아도의 비표준어로 그러하지 아니하여도가 줄어든 말이라고 한다 그러잖아도 먹고살 만하다, 그러잖아도 지금 말하려던 참이었다, 그러잖아도 속이 상해 있는데 너까지 난리냐? 아버지와 대화 속에서 그렇잖아는 이제 먹고살 만한데 밥솥에 밥을 꽉 차게 하는 버릇과도 같은 말이다 물컵에 가득 물을 따르는 것처럼 그렇잖아도는 다리를 절뚝거리며 계단을 내려오는 아버지의 하소연이다 그렇잖아도는 아버지의 루틴이다 점심을 먹고 경로당에서 귀신과 삼팔광땡 섯다를 치다가 쓰리 고에 피박 고스톱을 친다 사천 원을 따서 팔천 원은 줬다고 교장 퇴직한 박씨도 이기고 목소리 쩡쩡한, 소싯적 경찰이었던 윤씨도 이기고 시내에 건물 다섯 채를 아들에게 줬다고 자랑하는 김씨도 이겼다고 하얗게 자랑을 하는 말이다

귀잠*

며칠 안부를 전하지 못해 전화를 걸었다
신호가 길어질수록 쿵쿵 돌 굴러오는 소리
—고객이 전화를 받지 않아 삐 소리 이후 음성사서함으로 연결이 됩니다
머릿속을 까맣게 물들인다

경로당이 문을 닫았다고
전화까지 하셨던 아버지가 전화를 받을 수 없다고 하신다
차를 몰고 간다
분명 차를 몰고 가는데
기차가 가슴을 관통하고 있다

공동현관 입구 우체통부터 눈길이 갔다
비어 있다, 기차 소리가 살짝 멀어진다
비밀번호를 누르고 들어서는데 텔레비전 소리만 요란하다
인기척이 없다
베란다 창문을 열고 안방에 들어서니
침대에 누워계신 아버지

한 번 부르고
두 번 불러도
대답 없던 아버지는
세 번 만에 일어나신다

굴러오던 돌
가슴에 머물렀던 기차 소리가
아버지의 대답에 베란다 창문으로 슬그머니 빠져나간다

───────
＊귀잠: 아주 깊이 든 잠.

코끼리의 귀환

중환자실에 누워 있는 코끼리를 보았습니다 어디에 눈을 두어야 할지 자꾸 아래로 옆으로 침대의 모서리로 허공을 응시하다 엄마를 불러봅니다 두 눈을 감았는지 잠을 자는지 엄마는 대답이 없습니다 의식은 있다는 간호사의 말에 엄마를 또 불러봅니다 엄마는 엄마의 귀에 전달되지 못하고 흰 액체의 링거만 조금씩 줄어들고 있습니다 의식이 깨어나지 않는 엄마의 손은 코끼리가 훔쳐 갔습니다 뭉툭하고 투박한 손이 어쩌다 엄마의 손에 붙어 있을까요 엄마는 손을 찾으러 치앙마이로 갔을까요? 바나나와 사탕수수를 사러 갔다가 손을 잃어버렸을까요 끝내 우리를 잊었을까요 우리는 시간이 없습니다 바람 따라 헤매는 엄마를 기다릴 수 없습니다

10분의 면회 후에 코끼리 손만 공중에 둥둥 떠다닙니다

오래된 아파트

할아버지네 아파트
많이 아픈가 보다
넘어지지도 않았는데
거미줄처럼
금이 갔다

다리 없는 바람이
소문을 내고
구름이 걱정하더니
누가 붙였는지
여기저기
반창고투성이다

냉장고의 일

 아무도 모르는 사이 질펀하게 오줌을 싸 놓은 여자의 가래 끓는 소리가 격하게 들린다 주체할 수 없었던 힘이 물컹과 경련으로 흐늘거린다

 이천삼백사십일을 숨돌릴 틈도 없이 사랑을 먹고 사랑을 버리고 돈을 먹고 돈을 버리고 구두를 먹고 구두를 버리고 사람을 먹고 사람을 버리고 종당에는 무엇을 먹었는지조차 알 수 없는 것들의 가속도가 그녀의 뱃속을 채우고 있다

 냉정과 냉정으로 커튼을 쳐 놓은 어둠의 삶이 그녀의 숙명이었을까

 아가리를 벌리고 말초신경부터 해제되는 군더더기가 토해진다 십 년이나 지난 수삼 절임 청국장 가루 도라지청 태국에서 건너온 로열젤리 호두와 아몬드와 피스타치오 사과즙 블루베리 산딸기 곶감 간장게장 조개젓 오징어젓 들깻가루 참깨 돈가스 비엔나소시지 양송이수프 부침가루 붉은 고추 가래떡 떡갈비 대학 찰옥수수 연잎 발사믹 식초

자유롭던 그것들 잔뜩 웅크린 채 초록색 오렌지색 전용 봉투에 실려 숨도 쉬지 못하고 어디론가 떠난다 감옥에서 탈출은 긍정도 부정도 할 수 없는 회생 불가능의 길

 일생을 차곡차곡 채우기만 하던 몸뚱이를 해체하여 닦고 있다 내 몸을 닦는 것처럼 엄숙하게 경건하게, 사라진 것들 냄새도 소리도 소문도 없이 사라지고 있다 친환경 주방세제 레몬 버베나향 가득한 그녀, 천국으로 이사 중이다

걸 살 누 죽의 법칙

사천 보는
우울증이 없어지고
오천 보는
치매를 예방하고
칠천 보는
암을 예방하고
팔천 보는
당뇨를 예방하고
만 보는
대사증후군을 예방하고

삼십 년째 옆구리가 시린
구순을 코앞에 두고 있는 아버지

염불을 하듯
매일 팔천 보를 걷고 있다

꽃구경

 구불구불 요각골 길을 따라서 오래 걷지 못하는 발이라 차창으로 구경합니다 산바람과 물바람에 좀 늦은 벚꽃이 환하게 웃고 있습니다 바닥에 한두 잎씩 떨구는 것은 눈꽃입니다 마음으로 벚꽃을 맞이합니다 마음으로 벚꽃길을 걷습니다 뒷자리 창가에 앉은 아버지의 마음도 그런지 궁금합니다

 잠시 차에서 내려 핸드폰으로 사진을 찍습니다 꽃잎 사진을 용인과 안산에 사는 아들에게 남양주에 사는 딸에게 보냅니다 좋네, 좋은 시간 보내라는 말이 하트 뽕뽕 곰돌이 이모티콘으로 건조하게 날아옵니다 아버지에게는 사진을 보여주지 않았습니다 멀리서 사는 자식들의 감정도 보여주지 않았습니다

 우리에게
 내년이 있을까요?

치매를 쫓는 시간

화투를 식탁에 던질 때마다
귀신들이 한마디씩 한다
똥광이요
에이쿠 쌌고
싼 것은 가져오고
났고
원 고
먹고
투 고
먹고 먹고
빨리 피박 면하시고
쓰리 고
그러다 독박 쓰고
에라 모르겠고
돌고
에쿠 또 쌌고
앗싸 비오
제가 가져갑니다

났습니다
독박이오

귀신들이 모여앉아 돈을 세고 있는 사이
구십 세 아버지가 경로당 식탁에 앉아 고스톱을 친다

호야

호야꽃은
별사탕을 닮았다

잎 뒤에 숨어서
조용조용 피었다

혹시 내가
따 먹을까 봐

우리가 모르게
피었다 졌다

우리들의 꽃밭

단양군 대강면 남조리 104번지

해시가 지나서야
마흔한 살 일곱 살 열아홉 살 여자가
흔들리는 집 속에서
뒤란 살구나무와
마당 고추잠자리와
장독 옆 개똥이와
어시미 마늘과
도랑 피라미와
앞산 진달래와
반짝 웃고, 반짝 듣고, 반짝 말하고
반짝 피운다

별꽃
별별 꽃

1도

한여름에도 양말을 신어야 하는 그녀
편백나무 건식 사우나에 들어갔다
하반신을 가두고
상반신은 꼿꼿하게
반이 갇혀도 전부가 갇혔다
0도에서 시작한 온도가
60도에 도달하는 동안
비치타월이 철통같이 아래를 막고 있다

군불을 피우는 손길이 더디다

한 시간이 지나서야
바짝 말라야 할 허벅지가 축축하다
벌겋게 달아오른 몸
사하라 중심을 걷고 있다
푹푹 빠지는 모래 위를 나오는 동안
종아리에 맺혔던 땀이 주르륵

사십구재가 지난 어머니가 시도 때도 없이 찾아왔다
우울이 글썽이며 흐르고 있다
글썽이며 우울이 흐르고 있다
글썽이며 흐르고 있다
흐르고 있다
있다

무꽃 필 무렵

신문지에 돌돌 말린 채
비료 포대에 담겨 공손한 미래를 꿈꾸었다

바람도 멈추고
추위도 사라진
보일러실 한쪽에
백날하고도 열흘이 지나서야

싹을 틔웠다
가슴에 물컹한 통증
죽은 몸이 살아 있는 몸을 보고 있다
오소 오소 별꽃을 피웠다

반짝반짝 포대 안에서 흐르고 있는
씨의 태생은 뱀골이었다

주상절리

  한탄강 주상절리에 와 있는 느낌이야. 송대소를 떠돌다 어지럼증에 걸려 계곡의 바위에 써 놓은 무수한 흔적을 읽으려 온몸으로 부딪치고 있어. 무슨 내용인지 알 수 없는 글자들이 층을 이루고 종종걸음으로 주상절리 등을 긁어. 등이 마음에 들면 등을 치고 등을 빼지. 등속에는 주상절리가 있기도 하지만 등보다 더 많이 알 수 없는 세계가 살고 있어. 주상절리를 펴는 순간 내가 보지 못했던 목소리들이 쉴 새 없이 빠져나와 아슬아슬하게 창문 밖으로 날아가고 있어. 등속의 호랑이는 종이호랑이 등속의 강아지 똥은 꽃을 피울 수 없어. 등속의 화살은 과녁 없는 화살 복잡한 세상에 무엇을 따지겠어. 너는 나고 나는 너야. 나는 죽어서 백골이 된 지렁이를 끌고 가는 개미에게 가르침을 받지. 우주 밖에 있는 것처럼 꼼짝 않고 저 고행을 보고 있어야 해. 읽을 수 없는 것을 읽는 것은 불행한 일이야.

홍콩야자와 나도제비난

도서관 창틀 하얀 화분에는
기린처럼 길게 뻗은 홍콩야자와
제비처럼 날아갈 듯한 나도제비난이
사이좋게 살고 있어요

홍콩야자는
잎이 눈이래요
일곱 개의 눈이 반짝반짝 고개를 내밀고
수빈이 지아 해인이가 무슨 책 빌릴까
궁금해서 쭉 쭉 쭉

나도제비난은
꽃대가 눈이래요
날개 속에 더듬이가 꽃대를 세우고
현우 민기 지훈이가 무슨 책 빌려 가는지
궁금해서 쫑긋쫑긋 쫑긋

애들이 어서 와 어서 와

마구마구 잎을 피워요
시도 때도 없이 꽃을 피워요

고마워의 진화

추측건대 92년생 다섯 살 짱구를 따라 하던 96년생 아이가 "엄마는 왜 고마워를 안 해? 내가 심부름을 해주면 고마워해야지." 그때부터 고마워는 내 등 뒤에서 언제나 나올 준비를 하고 있었지. 그림책을 읽어도 고마워, 세수해도 고마워, 양말을 신어도 고마워, 우유를 마셔도 고마워, 수없이 고마워, 고마워 씨를 뿌리면 고마움이 잭의 콩나무처럼 자라 구름을 뚫고 홀씨를 날릴 거야. 고마워, 고마워하면서 앙코르와트를 갈 것이고, 데칸고원을 지나 홍해를 갔다가 탄자니아를 지나 삼바 퍼레이드 사이에 머무르다 나이아가라 폭포에도 갈 것이고, 제우스 신전을 돌아 성가족성당 스테인드글라스의 수많은 나무와 꽃으로 빛날 거야. 조금 학습처럼 들리겠지만 고마워는 화성을 탐사하던 와트니가 키운 식물이야. 우주까지 갔다가 돌아올 거야. 그래서 고마워는 고마워요가 될 것이고 쓰나미가 되어 붕붕 썰매를 탈 거야. 설국 사람들이 고마워 고마워 노래 부르며 눈사람을 낳게 될 거야. 눈사람을 낳게 될 거야.

제4부

정답 찾기

천국도 답이다
지옥도 답이다

그러나 아무도 그 사실을 알지 못한다

블랙아웃

난 지구 반대로 걷는 버릇이 있습니다

거꾸로 걸어야 직성이 풀립니다

세상 이야기를 듣지 않습니다

명왕성과 소통합니다

누구도 듣고 싶어 하지 않던 코페르니쿠스를 신뢰합니다

잊고 싶을 것을 기억하려 합니다

아직 철이 들지 않았나 봅니다

인생 자체가 암전입니다

걱정하지 마세요

사라졌지만 사라지지 않았어요

누구나 아웃 될 때가 있어요

타원형 얼음이 미끄러지고 있어요

눈동자 속에 눈물은 늘 자리하고 있어요

함께 찾아주세요

보도블록
틈 사이를 벗어나지 못하는
강아지풀

팔랑팔랑
날아온 전단지를
들여다본다

함께 찾아주세요
이규진(남자)
실종 나이 4세
현재 나이 26세
발생 장소 대구 달서 진천
전화상담·제보 (국번없이) 182

가슴속으로
돌덩이 하나 쿵!
들어앉는다

7 고사실

　백색의 블라인드와 책상은 반만 일한다 시간이 실종된 교실은 오리털 파카가 필요하다 돋보기의 사내가 흠흠 하며 눈을 굴린다 새끼손가락으로 엄지손톱을 긁고 있는 크록스의 슬리퍼가 밑줄 긋은 '그'에 대한 설명을 먹고 있다 그의 행적이 아닌 것과 행적인 것을 찾아 손가락은 계속 엄지를 긁고 있다 목을 잡은 젊은이는 손을 내리고 한곳을 응시한다 집중된 눈빛은 광통교를 배회하고 있다 두 차례 왕자의 난으로 즉위한 왕의 행적을 찾아 대하드라마 속을 걷고 있다 시간이 반이 지나도 왼손으로 밑줄을 긋는 흰 마스크는 긴 머리를 오른손으로 감고 있다 아식스 신발은 지우개로 흔적을 지우고 있다 검정 동그라미는 정답이다 동그라미를 채우는 것은 신중과 신중히 겹쳐서 합격이란 꽃을 피운다 제구실을 못하는 냉방기는 소음이다 허공만 응시하던 젊은 청년은 어디까지 갔다 왔을까 비파형 동검 피사 석탑 우금치전투 부마 민주항쟁, 유네스코 세계기록유산으로 등재된 5·18 민주화 기록물……

　15명이 토해놓은 OMR 카드가 둥실 꽃을 피우고 있다

웃음과 울음은 닮았다

아침에 마시는 미온수 한 잔
문 앞에서 들려오는 고양이 울음소리

햇살에 흔들리는 괭이밥
가장 어두울 때 반짝이는 별

추억의 팝송
알아들을 수 없는 오페라

깊은 수렁으로 빠져들게 하는 책
캄캄한 방

복도에서 들려오는 아이들의 웃음소리
순간 피었다 떨어지는 공작선인장

부드러운 미소
느리게 멀리 걷기

엄마가 왔다
엄마가 죽었다

불확실한 웃음이 배달되었다
근거 없는 울음이 도착했다

반딧불이처럼

 돌의자에 한두 사람씩 앉았다 사라지고 사라진 돌의자 위에 박수 소리가 반짝반짝 굴러가고 있어요 어둠이 스며오는 호숫가에 지구를 울리는 발자국이 드문드문 아무도 앉아 있지 않은 돌의자 앞에 기타와 마이크, 보면대와 스피커 두 개를 노점상처럼 차려놓고 기타 줄을 튕겨보고 목소리를 가다듬고 작은 의자에 앉은 그가 노래를 시작해요 노랫소리는 호수에 울려 퍼지고 이따금 호수는 물기둥을 세웠다 놓았다 장단에 맞춰 유익종, 시인과 촌장, 수와 진, 박강성, 이문세, 김광석 내가 아는 사람과 알지 못하는 사람들이 차례로 왔다가 사라지는 사이 비숑 프리제를 안은 젊은이는 콧노래를 흥얼거리고 무대 앞 돌의자에 앉아 환호의 손뼉을 치는 아이, 길과 무대 사이에 아이를 기다리는 여인은 저녁이 급한지 재촉하는 눈빛이 호수처럼 깊고 무대 옆 나무 의자에서 귀만 쫑긋하던 귀가 사라진 자리에 온기도 사라지고 돌의자에서 한 번도 일어나지 않은 나는 손바닥이 붉게 흐물거리고 있어요 그의 노래가 건너편 대왕참나무 군락지까지 날아가고, 무대 옆 메타세쿼이아 잔잎에 앉은 그의 노래는 반딧불이가 스며든 배경이 되었어요

내용증명

매미가 쉼 없이 울어대는 동안
꿀벌이 꽃 속에 갇히는 동안
사마귀가 마지막인 줄 모르고 교미하는 동안
거미가 방적돌기에서 실크를 뽑아내는 동안
노랑턱멧새가 구애하는 동안

밥밥밥밥밥밥밥밥밥밥밥밥

담쟁이가 담을 부수는 동안
파리지옥이 파리와 한 몸이 되는 동안
립살리스 부사완이 벽을 더듬는 동안
달개비 촉수가 하루를 건디는 동안
대왕참나무가 소음을 수집하는 동안
은행나무가 은행을 놓지 않는 동안

밥밥밥밥밥밥밥
밥밥밥밥밥밥

악어를 찾는 법

들숨날숨에 날벌레가 입속으로 들어가 캑캑거린다

찰랑찰랑한 소나무 사이에서 애간장이 녹고 있다

가파른 길과 가파른 길은 지칠 줄 모르고 이어진다

초입부터 출입금지 현수막이 걸려 있고

죽을 때까지

먹잇감만 기다리고 있는

악어를 만나려면 넘어야 할 산이 많다

그때서야

호수 속에서 엉금엉금 나타나는 악어 떼

악어봉우리에서

게으른 악어를 만났다

운동(運動)

운명은 바뀔 수 있다는 신념으로
크로스핏을 하고
베드민턴을 날리고
헬스를 하고
등산을 한다

닭가슴살을 단백질을 마신다
물을 채운다

숨을 죽였던 얼굴이 살아난다

팔뚝이 붉으락푸르락
허벅지는 돌덩이
가슴은 봄이다

얼굴에서 무엇인가 빠져나간다

움직이고 옮기고

옮기고 움직이고

팬티만 입은 가짜 아이가
사진 밖에서 AI 흉내를 내고 있다

대동풀빵여지도

골목 입구에 있던 바다의 집이 사라졌어
바다의 집에 살고 있던 붕어가 사라졌어
붕어랑 같이 살던 잉어도 사라졌어
옛날 풀도 사라지고
국화, 땅콩, 호두, 오방, 계란, 바나나
군침을 삼키며 기억의 숲을 헤쳐보지만
잉어 옆에 살던 오뎅도 사라졌어
오뎅을 반쯤 담그던 다시 물도 사라졌어

공짜에 익숙한 입술은 국물에 갈증을 느껴
발이 찾던 바다의 집은
너무 빠른 세상의 변화에 눈멀어 버렸어

차가운 손에 온기를 안겨주던 붕어를
손으로 찾을 수 없는 너를

고산자로 399
여우가 사랑한 김밥집에 풀빵이 있을까

흔들리지 않는 풍경

단단한 우산(于山)
바다 한가운데 떠 있다

촛대바위 부채바위 삼형제굴바위 한반도바위 독립문바위 얼굴바위 탕건바위 숫돌바위 지네바위 넙덕바위 군함바위 김바위 보찰바위 닭바위 미역바위 코끼리바위 해녀바위 전차바위 물오리바위 촛발바위 작은가제바위 큰가제바위 삼형제바위

강치 떼 무덤이 되어버린
독도

무덤은 흔들리지 않는다

칼, 경전을 쓰다

칼 손바닥이 스친 흔적을 읽는다

닭대가리의 도도함
소꼬리의 눈물
돼지 갈비뼈의 팽창과 수축
고등어 지느러미의 균형
오징어 먹물이 터지는 긴장감
돌고래의 울음
김장김치의 겨울
양파의 매운 향
미나리 성장
바게트의 견고함
그림 빵의 고소함
자작나무의 한숨
소나무의 생존
고로쇠나무의 수액

칼날이 난타하는 자리마다

톡톡, 무수한 사연이 겹친다

나무 도마에 스며든 핏빛 문장들이 걸어가고 있다

런치 쇼

앉아 있는 다리 사이로
웃음소리가 굴러간다

턱시도의 첫발이 씩씩하다
늘어진 드레스가 불편하지 않은 척
치맛자락을 차면서 걷고 있다

중년의 턱시도가 색소폰을 연주하고
검기무(劍器舞)가
성질 더러운 친구
잘 다독이며 살라고 훈수도 둔다

콩글리시로 흐르는
신랑신부의 팝송

산해진미가 차려진 광장에서
육해공을 먹고 있는 사람들

한낮 쇼의 주제는
검은 머리 파 뿌리

파 뿌리 한 다발
끌어안은 사람들이 런웨이를 걸어간다

8시 15분

〈천사인력〉 앞 몇몇 이국의 사내들이 보도블록에 떨어진 짧은 담배꽁초를 줍는다

공장 인력, 농촌 인력, 페인트, 방수, 철거 인력, 산소관리 전문, 개장, 이장, 벌초, 전지, 예초, 건설 인력, 전기공사, 통신공사, 소방공사, 유품 정리

팔리지 않은 너무 검은 남자가
자전거를 끌고 인도와 도로 사이를 건너간다

여전히 8시 15분

해설

'지혜의 파수꾼'을 만나는 시간

고영(시인)

1.

사계절의 변화를 한눈에, 그것도 손바닥 위에서 확인하고 체감할 수 있는 시대에 우리는 살고 있다. 눈 녹은 자리에 꽃 사태 지고 녹음 푸르렀나 싶으면 그 그늘에 낙엽 모였다가 성긴 바람에 흩어져 빈자리만 선연하게 남는 광경을 우리는, 식탁 위에서, 카페에서, 도서관에서 간단한 터치만으로도 볼 수 있게 되었다. 가까운 이들의 안녕과 부재까지도 앉은 자리에서 확인할 수 있는 첨단 기기 문명의 혜택을 제대로 누리고 있는 것이다. 문명의 발달에 의한 편리(便利)에 대해선 여전히 의문이지만, 인간은 진화 중이고 사회는 진보하고 있다. 작금의 전자 기술 문명은 쫓아가기 버거울 만큼 우리의 생활 습관을 훨씬 앞서가고 있다. 이런 현상을 혹자는 이렇게 분류하기도

한다. 인쇄술 이전(Logosphere)과 인쇄술 이후(Graphosphere), 그리고 시청각 기기 이후(Videosphere)로 문명사를 나누는 것이다. 널리 알려진 대로 인간은 정보 습득의 90% 이상을 시각과 청각에 의존한다. 보고 듣는 것이 감각 활동의 대부분인 셈이다. 앞의 분류는 감각 활동을 정보 수집이라는 측면에서 나눈 것이다. 인쇄 즉 활자, 책이 발명되기 이전에 정보는 구술(口述)로 전승되어 왔다. 반면 대량 인쇄가 가능해진 이후의 정보는 책의 형태로 기록되어 후대에 전해졌다. 둘 다 인간 존재의 기억력이 중요한 매체였다. 반면 시청각 기기는 필요한 정보를 순간적으로 무한 재생할 수 있다는 점에서 다른 방식의 기억력을 요구한다. 어쩌면 장기 보존 기억보다 인덱스처럼 기억을 분류하는 작업이 더 중요한 것인지도 모른다. 이 변화가 고스란히 함축된 곳이 바로 '도서관'이다. 도서관은 묵은 책 먼지의 향기와 더불어 정보의 플랫폼 혹은 디지털 아카이브로 다시 가치가 재조명되는 곳이다. 거기, 고독한 존재가 있다. 자신 스스로 "나는 책의 장례지도사"(「책을 염하다」)라고 지칭한 김미경 시인은 사서(司書)라는 직업을 갖고 있다. 존재의 특성은 시간의 파동만큼 거소(居所)의 지형에도 영향을 받는다. 그렇다면 이 시집『사서의 페이지』에는 어떤 내용, 혹은 무늬가 새겨져 있을까. '시인의 말'에서 "영원이라고 적자."고 한 김미경 시인의 표면과 그 이면을 들여다보는 일로 글을 시작해야겠다.

표지를 넘기니 여백이다 한 장을 더 넘기니 백면이다 또 한 장을 넘겼다 두 마리 나비가 나란히 아래에 배치되어 있다

　줄무늬 애벌레는 삼 년 만에 알을 까고 세상 밖으로 나왔다 초록 줄무늬가 미친 듯이 몸속으로 들어왔다 애벌레를 따라 기둥으로 올라간다

　목적지가 없는 길을 따라 아우토반 무제한 구간에 들어가 있다 까꿍 아기들에게는 반짝이는 놀이다 마법 천자문과 흔한 남매는 인기짱이다 학습이 필요한 중고생은 참고서를 밥 먹듯 해야 한다 성장이 멈춘 아이는 더 이상 올라가지 않으려 한다 미끄러져 내려오는 사람들은 지루한 일정이라 속삭거린다

　마지막 페이지를 날려보낸다

—「황제나비」 전문

　아시아 대륙에 '호랑나비'가 있다면 아메리카 대륙에는 '황제나비'가 있다. 좀 더 정보를 찾아보니 '황제'는 몸통과 날개의 보색 때문에 붙여진 것이지 생태 때문은 아니란다. 황제나

비는 캐나다 어디에서 멕시코 어디까지 거의 3000km 이상을 생존과 번식을 위해 이동한다. 북아메리카를 종단하는 셈이다. 나비라고 부르는 성충의 일생은 극히 짧아서 한 세대가 그 종단을 완수할 수는 없다. '운명', 혹은 요즘 말로 'DNA'의 명령에 따라 살아서는 닿을 수 없는 길을 떠나는 것이다.

인용 시에서 시인은 '황제나비'를 통해서 '생'을 비유적으로 보여준다. "표지를 넘기니 여백이다 한 장을 더 넘기니 백면이다 또 한 장을 넘겼다 두 마리 나비가 나란히 아래에 배치되어 있다"라는 표현 속에는 많은 것이 함축되어 있다. 한 생의 첫 얼굴은 '여백'이라는 것인데 가능성이나 혹은 기원으로 읽을 수도 있다. 우리는 나비의 현란한 색과 날갯짓을 보지만 또 한 꺼풀을 벗겨내도 생의 얼굴은 '백면'이다. 여기서 '백면'을 어떻게 읽어야 하나. 이 물음은 이번 시집의 존재론적 해석의 키가 될 것이다. 화자는 또 한 장을 넘겨야만 겨우 '아래에' 배치된 두 마리 나비를 만날 수 있다고 한다. '아래'라는 방향을 시인의 지향점으로 읽기로 한다. 황제나비의 생태와 이 시, 혹은 이 시집을 읽으면 다채로운 세상이 열린다.

    펼쳐지지 않은 세상이 어둡다고 말할 수는 없고

    발밑과 머리가 똑같은 모습으로
    지구 반대편의 이야기를 하고

태어나지 않는 세상을 품고

좀비가 날아다니고

흔한 남매가 살고

스핑크스가 머리를 쥐어짜고 있는 이곳은

지옥일까 천국일까

수염 숭숭 공주병 선생님이 빨간 내복을 입고

검정 고무신이 마녀들과 지렁이 수프를 만들어 나눠 먹기도 하고

그것을 재미있고 우스운 이야기라고 말할 수는 없고

책장 사이는 너무 어둡고

지구 반대편의 이야기가

아직 태어나지 않은 좀비가

흔하지 않은 흔해 빠진 남매가

머리를 쥐어뜯는 스핑크스가

공주병 선생님의 뿌지직 똥 탐험대가

빨간 내복이 검정 고무신이 마녀가 지렁이가

일제히 입을 틀어막고

얼음이 되고

—「금요일의 도서관」 전문

시집 제목에서 유추할 수 있는 것처럼 『사서의 페이지』엔 '사서'이기 때문에 느낄 수 있는 여러 감정과 사유의 흔적이 곳곳에 펼쳐져 있다. 김미경이라는 사서의 심리를 따라가다 보면 한 번도 접한 적 없는 책의 심리까지도 읽을 수 있다. 책의 감정은 그 책을 읽는 사람의 감정을 닮는다는 것. 시인은 묻는다. "펼쳐지지 않은 세상이 어둡다고 말할 수는 없고", 또한 펼쳐지지 않은 책이 가득한 이곳 도서관이 "지옥일까 천국일까"라고 말이다. 시인은 자신의 질문에 대한 키워드로 "대출하지만 은행 직원은 아닙니다 대부업체 직원도 아닙니다 이자를 받지 않습니다 연체료는 없습니다"(「나는 누구일까요?」)라고 일상의 한 부분을 슬쩍 보여준다. 책을 주고받는 것은 돈을 주고받는 것보다 훨씬 가치 있는 일이다. 왜냐하면, 주고받는 대상의 문제가 아니라 주고받는 행위 주체의 문제이기 때문이다.

시인은 '사서'라는 자기 직무에 충실하다. 거기서 '상상의 세계'를 끌어내는 힘을 보여준다. 실제, 지금 글로 써진 이야기의 반대를 상상하며, 즉 "지구 반대편의 이야기가/아직 태어나지 않은 좀비가/흔하지 않은 흔해 빠진 남매가/머리를 쥐어뜯는 스핑크스가/공주병 선생님의 뿌지직 똥 탐험대가/빨간 내복이 검정 고무신이 마녀가 지렁이가" 실재인 세상을 본다. 글자와 혹은 상상이라는 세계가 변하지 않는다면, 아이들이 자라 책장 사이를 지나가지 않는다면 '도서관'은 '황제나비'를 키울

적당한 거소(居所)일지도 모른다. 하지만 자기에게 충실하다는 그 자세가 어떤 고독과 마주하게 한다. 이 고독은 진화론적이면서 존재론적일 것이다.

2.

도서관은 지식의 보고(寶庫)다. 누구는 문명의 모태라고도 했다. 앞서 살펴본 것처럼 인쇄술의 발달이 책을 대량으로 저렴하게 보급할 수 있게 되었다. 더불어 도서관과 사서의 역할이 매우 중요해졌다. 무엇 이전에 그것이 어디에 있는지 안내가 필요해졌기 때문이다. 독자들은 내용, 혹은 이야기를 묻는다. 그것은 '네안데르탈인'처럼 실체보다 명명된 이름, 책 속에 갇힌 존재에 관한 이야기일지도 모른다. 하지만 시인은 '소마'에 취한 인간에 대해 고뇌한다. 지난 세기 인간 통제는 약물에 의존했지만 지금은 자기 스스로 인간성을 양육할 수 있다. 사실 그 이면에는 "일곱 개의 눈이 반짝반짝 고개를 내밀고/수빈이 지아 해인이가 무슨 책 빌릴까/궁금해서 쭉 쭉 쭉//나도제비난은/꽃대가 눈이래요/날개 속에 더듬이가 꽃대를 세우고/현우 민기 지훈이가 무슨 책 빌려 가는지/궁금해서 쫑긋쫑긋 쫑긋"(「홍콩야자와 나도제비란」)하는 모습을 시인, 아니 사서로서 지켜볼 수 있기에 기도하는 자세를 잃지 않는다.

책 속에 살던 네안데르탈인의 그림자가
조금 기울어졌다

계급은 예전이나 지금이나 종렬(縱列)이다
인간은 모두 실험실에서 인공 부화한 인물들,
선택받지 못한 사람은 미개인으로 취급된다

밤이나 낮이나 누군가의 손길을 꿈꾸는 파란 눈동자
소마에 취해 있다

사랑과 가족이 없는 세상
종교와 예술은 그림자일 뿐
위조된 활자들이 생을 이어가고 있다

인공지능과 빅데이터, 알고리즘 세상
네안데르탈인은 외롭다

내일이면 잃어버릴 욕망을 읽고 있다
아직 오지 않는 시간을 읽고 있다

책장 속에서 바래져 가고 있는 책을 뽑았다
─「책의 프로필」 전문

시에서 언급한 '프로필'은 "계급은 예전이나 지금이나 종렬(縱列)이다"라는 어두운 진실과 마주하게 된다. '네안데르탈인'은 멸종했다. 그들은 라스코와 알타미라 같은 뛰어난 동굴 벽화를 남겼지만, 또한 가족을 매장하며 꽃을 바치는 우아한 종말 의식도 보여주었지만 결국 멸종되고 말았다. 누군가는 그들이 현생 인류, 즉 호모 사피엔스 사피엔스보다 뇌 용량이 150cc 정도 작은 것에서 멸종의 이유를 찾기도 한다. 시인의 눈은 매섭게 "네안데르탈인의 그림자"가 도서관에 비치고 있음을 간파한다. "인공지능과 빅데이터, 알고리즘 세상"이 매일 아침 복용해야 우울감에 빠지지 않게 되는 약물, 즉 '소마'처럼 우리의 미래를 보장한다는 것을. 그러나 시인은 시시각각 '한탄강 주상절리'를 떠올린다. 수천만 년, 아니 현생 인류의 진화 기간은 아무리 길게 잡아도 삼백만 년이 넘지 않는다. 이 장구한 시간을 상상해 보라. 땅, 아니 지구는 자기 지각에 스스로 흔적을 남겼다. 그것이 주상절리다. 시인은 "나는 죽어서 백골이 된 지렁이를 끌고 가는 개미에게 가르침을 받지. 우주 밖에 있는 것처럼 꼼짝 않고 저 고행을 보고 있어야 해. 읽을 수 없는 것을 읽는 것은 불행한 일이야."(「주상절리」)라고 스스로 비관적인 판단을 하기도 하지만, "000에서 999까지의 행간을 기어서/개미의 한 생이 지나가고 있"(「도서관 납골당」)는 형상을 한눈에 볼 수 있기에 "이곳은/지옥일까 천국일까"(「금요일의 도서관」)라는 질문을 던질 수 있는 것이다.

책, 혹은 도서관이라는 제한적 공간 밖에서 시인의 현실은 생생함을 넘어서 눅진하게 전개된다. 우리는 에토스와 파토스가 분리되는 골목길을 알고 있다. 그러나 아주 섬세한 사서만이 그 길을 보르헤스의 '눈먼 스승'처럼 발걸음의 기억으로 거닐 수 있다. 머리로는 찾을 수 없는 길, 또 다른 작품 「결정장애」에서 볼 수 있는 '초록, 빨강, 회색, 주황, 갈색, 노랑, 연두, 파랑, 보라'로 압축 상징하는 길을 아침저녁으로 살펴볼 수 있다.

> 천국 갔다 오는 고속도로에서
> 커다란 물체와 부딪쳤다
>
> 가속이 붙은 발
> 제어할 수 없는 당황이 몰려왔다
> 귓속으로 파고드는 쿵
>
> 툭
> 단전으로 내리꽂혔다
>
> 몸속에 불안의 꽃이 피고
> 반짝이는 촉수가 고열로 다가왔다

머릿속에 작별 인사가 다가왔다

어둠 속 튕겨 나가
느리게 착지하는 물체는
각을 세운다

엎드려 울고 있는
오소리 옆에 별이 쏟아진다

어둠 속을 더듬더듬
검은 물체가
걸어갔다

—「트라우마」 전문

    만약, 분별해서 따져 묻는다면 위의 인용 작품은 '트라우마'보다 '외상후스트레스장애(PTSD)'에 더 가깝다. 흔히 트라우마는 자기 정체성 형성 이전, 즉 정체성 형성 과정에 생긴 상흔을 말하고, 외상후스트레스장애는 정체성 형성 이후, 소위 사회적 인격에 영향을 미치는 사건을 의미하기 때문이다. 시인은 "천국 갔다 오는 고속도로에서"라고 사건의 발생지를 밝힌다. 여기서의 '천국'은 어쩌면 "단양군 대강면 남조리 104번지"(「우리들의 꽃밭」)였는지도 모른다. 아니면 순간 빠져들어

'별꽃'이 되었던 유년의 기억일지도 모른다. 하지만 현실은 사소한 사건일지라도 깊은 트라우마를 남긴다. 이 작품 속에서의 '어둠'은 도서관 책장 사이를 차지하고 있는 '어둠'과 질적으로 다르다. 현실은 확실히 축축하고 섬뜩하다. 그러나 걱정하지 말라. "삶은 실제로 비열한 것이지만, 그것이 시로 나타날 때 카네이션만큼이나 아름답다."라고 토로한 프랑스 시인 라포르그의 말을 빌리지 않더라도 시는 개인의 아픔을 보편의 상처로 끌어올려 함께 어루만지는 것이다. 카네이션의 꽃말이 '희생, 헌신'이라는 점을 상기하자. 김미경은 '사서'이지만 거기에 멈춰 있지 않음으로 인해 '시인'이라는 자기 선퇴(蟬退)를 거듭 감행하고 있는 것이다.

사려 깊은 자들은 낙관주의자가 될 수 없다. 사려 깊다는 것은 모든 걱정과 의심을 다 끌어안는다는 것이 아니다. 모든 걱정과 의심으로부터 발을 빼듯 거리를 둔다는 것도 아니다. 걱정하면서, 그 걱정이 결국 삶의 중요한 한 요소임을 스스로 인정하는 것이다.

이를 상기해 볼 때 김미경 시인은 마치 견고한 낙관주의자가 되고자 하는 것처럼 보인다. 사물과 사건이 병렬의 형태, 시에서 같은 값으로 나란히 놓인다는 것은 화자가 전혀 뜻밖의 사건을 기대한다고도 볼 수 있다. 아이들의 웃음과 울음, 즉 난장이 도서관의 침묵을 깨고 오래된 미래를 펼쳐 보이듯, 사서인 김미경은 시인으로서의 꿈을 꾼다. 그 모두는 반짝일 것이다. "유익종, 시인과 촌장, 수와 진, 박강성, 이문세, 김광석, 내가 아는 사람과 알지 못하는 사람들이 차례로 왔다가 사라지는 사이"(「반딧불이처럼」)에도 김미경은 여전히 시인일 것이고, 어두컴컴한 도서관의 책장 사이를 밝히는 서사로서의 삶을 살아갈 것이다. 또한 책의 감정과 대출자의 심리까지도 두루 살피는 '지혜의 파수꾼'으로서의 역할에 충실할 것이다. 시인은 「정답 찾기」에서 "천국도 답이다/지옥도 답이다"라고 선언한다. 이 선언은 에토스와 파토스의 사이, 사서와 시인이라는 약간의 간극에서 우리를 멈추게 한다. "아침마다 양식을 배달하는 사서의 페이지엔 여백이 없다."(「사서의 페이지」)는 시인의 진술이 아무래도 오래, 기억에 남을 것 같다.

문학의전당 시인선 **385**

사서의 페이지

ⓒ 김미경

초판 1쇄 인쇄 2024년 11월 1일
초판 1쇄 발행 2024년 11월 9일
지은이 김미경
펴낸이 고영
디자인 헤이존
펴낸곳 문학의전당
출판등록 제448-251002012000043호
주소 충북 단양군 적성면 도곡파랑로 178
전화 043-421-1977
전자우편 sbpoem@naver.com

ISBN 979-11-5896-671-3 03810

*이 책의 판권은 지은이와 문학의전당에 있습니다.
*양측의 서면 동의 없는 무단 전재 및 복제를 금합니다.
*잘못 만들어진 책은 바꿔드립니다.
*이 시집은 2024년 충주시, 충주문화관광재단 충주문화예술지원 사업에
 선정되어 발간되었습니다.